Rile Schöne

Bleibe bei mir, lieber Gott

Mein Kindergebetbuch

Mit Illustrationen
von Barbara Tkotz-Brandt

Verlag Butzon & Bercker Kevelaer

Quellennachweis

Seite 9: aus: Rile Schöne, Ich häng die Sonne,
Edition Anker, Christliches Verlagshaus Stuttgart,
© 1999.

Bibliografische Information
Der Deutschen Bibliothek

Die Deutsche Bibliothek verzeichnet diese
Publikation in der Deutschen Nationalbibliografie;
detaillierte bibliografische Daten sind im Internet
über http://dnb.ddb.de abrufbar.

Das Gesamtprogramm
von Butzon & Bercker
finden Sie im Internet unter
www.engagementbuch.de

ISBN 3-7666-0494-5

Umschlaggestaltung: Barbara Tkotz-Brandt
Satz: Elisabeth von der Heiden, Geldern

Einer ist immer für uns da

Vorwort

Einer ist immer für uns Menschen da: unser Vater im Himmel. Ihm dürfen wir alles erzählen. Er ist wie eine liebe Mutter, wie ein guter Vater, wie unser bester Freund …

Die Gebete und farbenfrohen Bilder in diesem Buch helfen schon den Kleinsten sich dem liebenden Gott anzuvertrauen, ihm Freude und Dank, Sorgen und Bitten zu erzählen.
Am Morgen, am Mittag und am Abend können Sie, liebe Eltern, Großeltern und Paten, dies gemeinsam mit Ihrem Kind, Enkel- oder Patenkind tun.
Vielleicht wird es bald schon eines der schönen Reimgebete als Lieblingsgebet entdecken, das es ohne Ihre Hilfe alleine beten kann. Oder es wird Freude daran

finden, eigene kleine Gebete, wie „Lieber Gott, du hast mich lieb", zu formulieren.

Begleiten Sie Ihr Kind bei seinen ersten Schritten des Sprechens mit Gott! Schenken Sie ihm Ihre Nähe und Zuwendung! Dann helfen Sie mit, dass das Vertrauen zu Gott, der immer bei uns ist und uns beschützt, wachsen kann.

Gottes Segen begleite Sie und Ihr Kind!
Das wünscht Ihnen

Ihre Rile Schöne

Fröhlich bin ich aufgewacht

Morgengebete

Ein neuer Tag beginnt

Fröhlich bin ich aufgewacht,
ein neuer Tag beginnt.
Sei du bei mir, du guter Gott,
und segne mich, dein Kind.

Es ist ein Wunder

Lieber Gott, es ist ein Wunder,
dass ich jeden Morgen wieder erwache.
Ich freue mich,
wenn Mama an mein Bett kommt
und sagt: „Schönen guten Morgen."
Dann stehe ich fröhlich auf.

Ich freu mich auf den neuen Tag

Ich bin so munter aufgewacht.
Der Star pfeift schon,
die Sonne lacht.
Was kann es Schönres geben?
Ich freu mich auf den neuen Tag,
mag kommen, was da kommen mag.
Gott, danke für mein Leben.

Leuchte in mein Herz hinein

Lieber Gott, lass mich heute
frohgelaunt und glücklich sein
und leuchte du mit deiner Freude
mitten in mein Herz hinein.

Überliefert

Guten Morgen!

Als ich heute aufgewacht,
sah ich gleich: Die Sonne lacht.
Und sie lacht auch in mir drinnen,
muss mich gar nicht lang besinnen.
Großer Gott, mit deinem Segen
führe mich auf allen Wegen.

Guten Morgen, lieber Tag,
schön bist du, was kommen mag!
Sei es auch ein Abenteuer
oder gar ein Ungeheuer!
Donnerwetter, Wolken, Wind:
alle mir willkommen sind!

9

Gott hat an allen sein Wohlgefallen

Weißt du wie viel Kindlein frühe
stehn aus ihrem Bettlein auf,
dass sie ohne Sorg und Mühe
fröhlich sind im Tageslauf?
Gott im Himmel hat an allen
seine Lust, sein Wohlgefallen,
kennt auch dich und hat dich lieb.

Wilhelm Hey

Sei heute bei mir

Lieber, guter Gott,
sei du heute bei mir,
über mir und neben mir
und in meinem Herzen.

10

Danke für alle guten Gaben

Tischgebete

Danke für unser Essen

Lieber Gott,
Mama will mit mir beten.
Wir wollen dir danken für unser Essen.
Denn du, mein Gott, hast alles wachsen
lassen:
die Kartoffeln und das Gras für die Kuh,
die uns Milch gibt.
Aber mir schmeckt nicht alles.
Den Teller mit Kartoffelbrei habe ich
schon von mir weggeschoben.
Nun wird Mama traurig sein.
Das mag ich auch nicht.
Da will ich den Kartoffelbrei
doch lieber essen.

Gottes gute Gaben

Got-tes gu-te Ga - ben, wir emp-fan- gen
ha - ben. Tei - len lasst u-ns un-ser Brot
mit den Kin - de - rn, die in Not. Dank wir wollen
sa - gen für al - le gu-te-n Ga - ben!
A-men, A-men, A - men.

Gott lässt die Sonn aufgehen

Gott lässt die Sonn aufgehen.
Er stellt des Mondes Lauf.
Er lässt die Winde wehen
und tut die Wolken auf.

Er schenkt uns so viel Freude.
Er macht uns frisch und rot.
Er gibt den Kühen Weide
und seinen Kindern Brot.

Alle gute Gabe
kommt her von Gott, dem Herrn.
Drum dankt ihm, dankt,
und hofft auf ihn!

Matthias Claudius

Alle machst du satt

Wenn ich mich zu Tische setze,
denk ich an die Tiere all:
die Stute im Stall,
die Kuh und das Kälbchen,
im Neste das Schwälbchen,
die Schnecke im Haus,
im Keller die Maus,
den Hengst Brauner Hans,
am Bache die Gans.
Alle, alle machst du satt
mit Korn und Blatt,
mit Würmlein und Gras.

Und mir gibst du Brot,
Speise und Trank.
Gott, habe Dank.

Deine Gaben sind Geschenke

Gott, hilf, dass ich daran denke:
Deine Gaben sind Geschenke.
Ohne dass ich etwas tue
hab ich Kleidung und auch Schuhe.
Mama kocht uns leckres Essen.
Danken will ich nicht vergessen!

Wir möchten teilen

Lieber Gott, wir möchten teilen
und die Not der andern heilen.
Unser Herz soll fröhlich geben.
Alle Kinder wollen leben.

Müde bin ich, geh zur Ruh

Abendgebete

Alles wird behütet sein

Lieber Gott, du bist im Himmel
und bei mir auch in der Nacht.
Du wachst über Mond und Sternen,
hältst die ganze Welt in Acht.
Danke Gott, jetzt schlaf ich ein,
alles wird behütet sein.

Gib diese Nacht auf alle Acht

Lieber Gott, gib diese Nacht
bitte auf uns alle Acht.
Alle Menschen, groß und klein,
schließt du in die Arme ein.

Müde bin ich

Müde bin ich, geh zur Ruh.
Schließe beide Augen zu.
Vater, lass die Augen dein
über meinem Bette sein.

Alle, die mir sind verwandt,
Gott, lass ruhn in deiner Hand.
Alle Menschen, groß und klein,
sollen dir befohlen sein.

Luise Hensel

Abendlied

Vögel schlafen im Geäste,
Kinder träumen lange schon.
Schwälbchen hockt in seinem Neste,
keins fliegt mehr davon,
mehr davon.

Und die Sterne schaun vom Himmel,
machen hell die Sommernacht.
Hinter seinem Wolkenvorhang
sitzt der Mond und lacht,
sitzt und lacht.

Huschen nur die Fledermäuse
in des Waldes Dunkelheit.
Wenn sie hängen im Gehäuse,
ist es Morgenzeit,
Morgenzeit.

Deine Welt
ist wunderbar

Dankgebete

Der du den Himmel hast erdacht

Der du den Himmel hast erdacht
als blaues weites Zelt,
wie einen Teppich bunt gewebt
die Wiese und das Feld.
Und Wälder schön in ihrer Pracht,
hast Schöpfer du für uns gemacht.
Lass singen mich von deinem Werk
und deiner Schöpferkraft.

Der du die Sterne hast erdacht,
die Sonne und den Mond.
Und das Getier, das mit uns lebt,
den Erdenkreis bewohnt.
Und Berge, Meere, Fluss und Tal
hast du geschaffen ohne Zahl.
Lass loben mich dein großes Werk
und deine Schöpferkraft.

Der du die Menschen hast erdacht
nach deinem Ebenbild:
das Baby, das da jauchzt und lacht,
die Mutter, die es stillt.
Und Menschen, schwarz und weiß und gelb,
hast du erschaffen für die Welt.
Lass singen mich von deinem Werk
und deiner Schöpferkraft.

Nach Psalm 8

Gott, du guter Schöpfer

Die Welt ist schön, die du gemacht,
wenn morgens schon die Sonne lacht,
wenn Tau die Wiese sanft bedeckt,
wenn Regen mild die Blumen weckt,
wenn Baum sich in der Pfütze sieht,
wenn Eiskristall am Fenster blüht,
wenn Sterne funkeln in der Nacht.

Gott, du hast alles wohl bedacht,
die Welt ist schön, die du gemacht!

Segne die Früchte der Erde

Guter Gott, dein ist die Erde
und dein ist der Himmel.
Beides hältst du in deinen Händen.
So segne die Früchte der Erde,
damit alle Menschen satt werden.
Alles wollen wir mit Dank empfangen
und nichts verschwenden. Amen.

Hab Dank für alles

Du, lieber Gott, wie du uns liebst!
Hab Dank für alles, was du gibst:
den Sonnenschein, das weite Meer
und all das Schöne ringsumher!

Überliefert

Wer hat die Sonne denn gemacht?

Wer hat die Sonne denn gemacht,
den Mond und alle Sterne?
Wer hat den Baum ans Licht gebracht,
die Blumen nah und ferne?
Wer schuf die Tiere, groß und klein,
wer gab auch mir das Leben?
Das tat der liebe Gott allein,
drum will ich Dank ihm geben.

Überliefert

Ein Bächlein springt

Ein Bächlein springt von Stein zu Stein,
ein Fluss fließt in das Meer.
Und ist das Bächlein noch so klein,
wird es doch niemals leer.
Ein See ist glatt und spiegelt dir
die Blüte, Blatt und Ast.
Und wenn du in die Pfütze schaust,
siehst du den Himmel blau.

Danket Gott

Danket Gott, denn er ist gut;
groß ist alles, was er tut.

Nach Psalm 136

Engel mein,
ich bin dein

Schutzengelgebete

Gott hat seine Engel ausgesandt

Gott hat seine Engel ausgesandt,
dass sie dich behüten
auf allen Wegen,
dass sie dich auf Händen tragen
und du nicht an einen Stein stoßest.

Nach Psalm 91

Heiliger Schutzengel

Heiliger Schutzengel mein,
lass mich dir empfohlen sein!
An diesem Tag, ich bitte dich,
beschütze und bewahre mich.

Überliefert

Mein Engel

Fröhlich darf ich an der Hand
meines Engels gehen.
Ich vertraue mich ihm an,
weiß mich angesehen.

Geh ins Dunkel ich hinein,
bleibt er mir zur Seite,
leitet mich auch unerkannt,
dass ich sicher schreite.

Du, mein Engel, hast mich dir
als dein Kind erkoren.
Du sahst mich vom Himmel her,
eh ich war geboren.

Aus dem Himmel ferne

Aus dem Himmel ferne,
wo die Engel sind,
schaut doch Gott so gerne
her auf jedes Kind.

Höret seine Bitte
treu bei Tag und Nacht,
nimmt's bei jedem Schritte
väterlich in Acht.

Seine Lieb und Treue
sind uns immer nah,
jeden Tag aufs Neue
ist er für uns da.

Sagt's den Kindern allen,
dass ein Vater ist,
dem sie wohlgefallen,
der sie nie vergisst.

Wilhelm Hey

Bleibe bei uns mit deinem Segen

Familiengebete

Wo ich gehe, wo ich stehe

Wo ich gehe, wo ich stehe,
ist der gute Gott bei mir.
Wenn ich ihn auch niemals sehe,
weiß ich sicher: Er ist hier.

Überliefert

Du gibst mir Mut

Lieber Gott,
du hast mich lieb.
Du gibst mir Mut.
Du stehst mir bei.
Das tut gut!

Begleite uns

Begleite uns mit deinem Segen,
behüte uns auf allen Wegen!

Danke für das
neue Geschwisterchen

Lieber Gott im Himmel,
Mama hat ein Baby bekommen.
Ich bin ganz glücklich.
Nun hab ich endlich ein Geschwisterchen.
So klein und niedlich ist alles,
dass ich nur staunen kann.
Ich schaue Mama bei allem zu,
was sie mit dem Baby macht.
Papa hat Mama einen großen
Rosenstrauß geschenkt.
Und wir haben zusammen gebetet
und dir gedankt.
Lieber Gott, es ist so schön
in unserer Familie.
Danke für alles.

Wir brauchen dich

Wie das Licht zum Leben,
wie die Luft zum Atmen,
wie den Quell zum Trinken,
so brauchen wir dich, Gott.

Wie das Brot zum Essen,
wie das Lied zur Freude,
wie das Land den Frieden,
so brauchen wir dich, Gott.

Wie der Mensch die Liebe,
wie das Schaf den Hirten,
wie der Vogel Flügel,
so brauchen wir dich, Gott.

Wie der Fisch das Wasser,
wie das Kind die Mutter,
wie der Wurm die Erde,
so brauchen wir dich, Gott.

Wie das Gras den Tau braucht,
wie der Falter Blüten,
wie wir alle Sonne,
so brauchen wir dich, Gott.

Bleibe bei uns

Bleibe bei uns mit deinem Frieden.
Bleibe bei uns mit deinem Segen.
Bleibe bei uns mit deiner Liebe,
du, unser Gott.

Wir bitten dich um Frieden

Gott, lass keinen Streit im Hause sein,
wir bitten dich um Frieden.
Tritt du in unsere Mitte ein,
mach uns bereit, dass wir verzeihn.

Menschen aus anderen Ländern

Mama hat mir heute erzählt,
die Menschen, die aus anderen Ländern
zu uns kommen, nennt man Ausländer.
Wir waren auch schon Ausländer,
als wir nach Budapest gereist sind,
zu Onkel Janos.
Die Menschen dort waren
sehr freundlich zu uns.
Hilf uns, freundlich zu allen
Menschen zu sein.

Du hast alle Menschen lieb

Du hast alle Menschen
auf der Welt lieb.
Darum wollen auch wir
uns mit allen gut vertragen.

46

Inhalt